ORDONNANCE
DU ROI,

Concernant les Milices Garde-côtes de la province de Languedoc.

Du 9 Juin 1757.

DE PAR LE ROI.

SA MAJESTE estimant qu'il convient au bien de son service de donner une nouvelle forme aux Milices Garde-côtes de la province de Langue-doc, & de les rendre plus utiles pour la garde & la défense de la côte, Elle a jugé à propos de réduire à un moindre nombre celui des Capitaineries de ladite province, d'établir un Inspecteur général desdites Capitaineries, & de fixer le nombre & la force des compagnies détachées qui

A

feront formées dans chaque Capitainerie. A quoi defirant pourvoir, Elle a ordonné & ordonne ce qui fuit :

ARTICLE PREMIER.

SA MAJESTÉ révoque les provifions & commiffions dont font actuellement pourvûs les Capitaines, Majors & Lieutenans des fept capitaineries Garde-côtes de la province de Languedoc, établies par le règlement du 22 juillet 1721 ; lefquels continueront néanmoins de jouir, pendant leur vie, des mêmes exemptions & priviléges dont ils jouiffoient : Révoque auffi Sa Majefté les commiffions dont font actuellement pourvûs les Capitaines des compagnies détachées defdites Capitaineries, & tous autres titres qu'Elle avoit ci-devant fait expédier à divers Officiers Garde-côtes, foit en qualité d'Aide-majors ou autrement.

I I.

AU lieu defdites fept capitaineries Garde-côtes établies en Languedoc, il n'y en aura plus à l'avenir que cinq, fous les noms de *Montpellier*, de *Lunel*, de *Cette*, de *Béfiers* & de *Narbonne*.

I I I.

LA première Capitainerie, appelée de *Montpellier*, fera compofée des paroiffes & communautés de

Mauguio.	Caftelnau.	Juvignac.
Saint-Marcel.	Le Crès.	Grabels.
Saint-Aunès.	Jacou.	Murviel.
Perols.	Teiran.	Pignau.
Vendargues.	Affas.	Saint-Jean-de-Vedas.
Leirargues.	Montferrier.	La Verune.
Meirargues.	Baillarguet.	Fabregues.
Clapiers.	Saint-George.	Sauffan.

9. juin 1757.

3

Cournonteral.	Montbazin.	Vic.
Cournonfec.	Gremian.	Mireval.
Gigean.	Villeneuve.	

La seconde Capitainerie, appelée de *Lunel*, sera composée des paroisses & communautés de

Saint-Gilles.	Lansargues.	Saint-Brès.
Fourques.	Candillargues.	Castries.
Bellegarde.	Mudazon.	Saint-Geniès.
Marsillargues.	Saint-Just.	Valergues.
Lunel-vieil.	Baillargues.	
Saint Nazaire.	Colombiers.	

La troisième Capitainerie, appelée de *Cette*, sera composée des paroisses & communautés de

Cette.	Loupian.	Pomerols.
Frontignan.	Meze.	Castelnau-de-Guers.
Balaruc & les Bains.	Agde.	Pinet.
Bouzigues.	Marseillan.	Aumes.
Pouffan.	Florensac.	

La quatrième Capitainerie, appelée de *Béfiers*, sera composée des paroisses & communautés de

Beffan.	Boujan.	Lespignan.
Vias.	Maureillan.	Niffan.
Saint-Thibery.	Baffan.	Colombiers.
Néfignan-l'Evêque.	Villeneuve.	Capeftan.
Valros.	Cers.	Montoulies.
Montblan.	Sérignan.	Creffan.
Tourbes.	Sauvian.	Poilhes.
Portirargues.	Thezan.	Montady.
Rocaute.	Marauffan.	Puifferguier.
Corneillan.	Vendres.	Cruzy.

A ij

La cinquième Capitainerie, appelée de *Narbonne*, sera compofée des paroiffes & communautés de

Pérignan.	Saleles.	La Palme.
Sales.	Montredon.	Treilles.
Courfan.	Saint-André.	Feuilla.
Vinaffan.	Monferrat.	Sijean.
Gruiffan.	Roquefort.	Leucate.
Armiffan.	Saint-Marcel.	Fitou.
Cuxac.	Saint-Nazaire.	Saint-Laurent.
Mouffan.	Villefeque.	Peiriac.
Marcourignan.	Saint-Jean-le-Baron.	Bages.
Ornaifon.	Ambres.	Portel.
Bizanet.	Caftelmaure.	Thezan.
Auveillan.	Fraiffe.	Fonjoncoufe.

I V.

TOUS les habitans non claffés dans les paroiffes dénommées dans l'article précédent, depuis l'âge de feize ans jufqu'à foixante, feront affujétis au fervice de la Garde-côte dans les cinq capitaineries ci-deffus, & lefdites paroiffes feront exemptes de fournir des hommes pour les milices de terre.

V.

IL fera établi par Sa Majefté un Infpecteur général defdites capitaineries Garde-côtes, qui aura, fous l'autorité du Gouverneur ou du Commandant général dans la province, non feulement l'infpection & le commandement général fur toutes les Milices defdites capitaineries Garde-côtes, mais encore fur tous les poftes, à l'exception de ceux où il y aura des Commandans pour Sa Majefté; & il rendra compte de toutes fes opérations au Secrétaire d'Etat ayant le département de la Marine.

V I.

CHAQUE capitainerie Garde-côte fera commandée par

9. juin 1757.

5

un Capitaine général, qui aura fous lui un Major & un Aide-Major, pour avoir particulièrement le détail de ce qui concernera les compagnies détachées.

V I I.

L'INSPECTEUR général aura rang de Colonel, les Capitaines généraux de Lieutenant-colonel, les Majors de Capitaine, & les Aides-majors de Lieutenant d'Infanterie ; & fi parmi ces derniers il s'en trouvoit qui euffent déjà la commiffion de Capitaine d'Infanterie, veut Sa Majefté qu'ils en confervent le rang.

V I I I.

IL y aura à l'avenir dans chacune defdites cinq capitaineries Garde-côtes, huit compagnies détachées de cinquante hommes chacune, formant un corps de quatre cens hommes.

I X.

CHACUNE defdites compagnies détachées fera commandée par un Capitaine & un Lieutenant, & fera compofée de deux Sergens, deux Caporaux, deux Anfpeffades, un Tambour & quarante-trois Fufiliers.

X.

IL fera expédié des provifions aux Capitaines généraux, des commiffions aux Majors, & des brevets aux Aides-majors des capitaineries Garde-côtes, fur lefquels il fera pris l'attache de l'Amiral de France, devant qui lefdits Officiers prêteront ferment, ou devant fes Lieutenans aux fiéges d'Amirauté dans le détroit defquels ils feront établis, & y feront enregiftrer lefdites provifions, commiffions & brevets. Il fera payé aux Officiers d'Amirauté, pour tous droits de preftation de ferment, réception & enregiftrement; favoir, par les Capitaines généraux la fomme de fix livres, par les Majors celle de cinq

livres, conformément à l'ordonnance du 3 juillet 1725, &
celle de vingt fols par les Aides-majors.

X I.

IL fera auffi expédié des commiffions de Sa Majefté à
tous les Capitaines des compagnies détachées, qui prendront
également l'attache de l'Amiral de France fur leurs commiffions, lefquelles feront enregiftrées par extrait au greffe de
l'Amirauté du reffort; & il fera payé par lefdits Capitaines
vingt fols pour tous droits & enregiftrement, conformément
à l'ordonnance du 4 novembre 1734.

X I I.

JOUIRONT l'Infpecteur général, les Capitaines généraux,
Majors, Aides - majors & les Capitaines des compagnies
détachées, de l'exemption de tutelle, curatelle, nomination
à icelles, & autres charges de ville, & ce fervice leur tiendra
lieu de celui qu'ils pourroient rendre dans les armées, de
même qu'au ban & arrière-ban dont ils feront exempts.

X I I I.

POUR exciter tous les Officiers ci-deffus à remplir avec
zèle & exactitude les fonctions de leurs emplois, Sa Majefté
veut bien leur faire efpérer de participer aux graces qu'Elle
accorde aux Officiers de fes troupes, fur le compte qui fera
rendu de leur conduite & de leurs actions au Secrétaire d'État
ayant le département de la Marine, par les Gouverneur &
Commandant général de la Province, & par l'Infpecteur général.

X I V.

L'INSPECTEUR général propofera au Secrétaire d'Etat
ayant le département de la Marine, les Officiers qu'il eftimera
propres pour remplir les places qui feront vacantes dans les
Etats-majors des capitaineries.

Le Capitaine général de chaque capitainerie, continuera

de

de propoſer audit Secrétaire d'Etat ayant le département de la Marine, les Officiers qui conviendront pour les places de Capitaines de compagnies détachées qui feront vacantes, après toutefois qu'il les aura fait agréer par l'Inſpecteur général.

Et les uns & les autres deſdits Inſpecteurs & Capitaines généraux des capitaineries ne pourront propoſer, ſous quelque prétexte que ce ſoit, pour les emplois de la Garde-côte, aucun Officier employé au ſervice de Sa Majeſté, ſoit dans des places, fixés ou attachés à quelques régimens, ni aucun autre dont l'habitation ordinaire ſeroit à plus de ſix lieues de la capitainerie pour laquelle il ſeroit propoſé.

X V.

L'INSPECTEUR général ne pourra, en temps de guerre, s'abſenter de ſon département pour plus d'un mois ſans en informer le Secrétaire d'Etat ayant le département de la Marine, à l'effet d'obtenir un congé de Sa Majeſté.

Les Capitaines généraux des capitaineries ne pourront auſſi, en temps de guerre, s'abſenter de leur réſidence pour plus de quinze jours ſans en avoir obtenu la permiſſion du Gouverneur ou Commandant général dans la Province. Lorſqu'ils feront dans le cas de s'abſenter pour plus d'un mois, ils feront tenus de s'adreſſer audit Gouverneur ou Commandant général pour leur faire obtenir un congé de Sa Majeſté, & dès qu'ils l'auront obtenu, ils en donneront avis à l'Inſpecteur général.

Les Majors, Aides-majors & autres Officiers des compagnies Garde-côtes, ne pourront également, en temps de guerre, s'abſenter de leur réſidence pour plus de quinze jours ſans en avoir obtenu une permiſſion de leurs Capitaines généraux, qui feront tenus d'en rendre compte à l'Inſpecteur général, & pour plus d'un mois ſans une permiſſion du Gouverneur ou Commandant général de la Province, laquelle fera demandée

A iiij

pour eux par leur Capitaine général qui en rendra compte à l'Inspecteur.

X V I.

LESDITS Inspecteur général, Capitaines généraux & autres Officiers de la Garde-côte ne pourront ordonner aucune imposition, charroi ni corvée dans les paroisses & communautés de leur district; & lorsqu'il y aura des munitions & ustensiles pour l'usage des compagnies détachées à voiturer, ils s'adresseront à l'Intendant de la Province ou à son Subdélégué.

X V I I.

VEUT Sa Majesté que pour dédommager les Officiers de l'État-major des capitaineries Garde-côtes, des dépenses qu'ils feront obligés de faire à l'occasion de leur service, il leur soit payé par année; savoir, à l'Inspecteur général trois mille livres, aux Capitaines généraux quatre cens quatre-vingt livres, aux Majors quatre cens vingt livres, & aux Aides-majors trois cens soixante livres.

X V I I I.

LES quatre cens hommes formant le corps des huit compagnies détachées de chaque capitainerie, seront pris sur tous les habitans sujets au service de la Garde-côte dans les paroisses & communautés affectées à chaque capitainerie par l'article III de la présente ordonnance, & il sera établi par un règlement ultérieur le nombre d'hommes que chacune desdites paroisses ou communautés devra fournir pour former lesdites compagnies détachées, proportionnellement à la force desdites paroisses & communautés.

X I X.

LA formation des compagnies détachées Garde-côtes se fera par la voie du sort, à l'effet de quoi il sera incessamment procédé par les Subdélégués que l'Intendant de la Province

9

commettra, & par le Capitaine général de chaque capitainerie, en préfence des Maire & Confuls, & même des Officiers-majors de la capitainerie, à la levée du nombre d'hommes
que chaque communauté doit fournir, & lefdits Maire &
Confuls feront tenus de repréfenter le rôle général des habitans
de chacune defdites communautés.

X X.

LES garçons ou hommes mariés propres au fervice, qui
fe préfenteront de bonne volonté pour fervir dans lefdites
compagnies détachées, feront admis à la décharge de leur
paroiffe fans tirer au fort.

X X I.

PERMET Sa Majefté à ceux auxquels le fort fera tombé
pour le fervice dans lefdites compagnies détachées, de s'en
difpenfer en mettant à leur place d'autres hommes de la
même paroiffe & non d'aucune autre, avec l'agrément du
Capitaine général de la capitainerie.

X X I I.

VEUT Sa Majefté que lefdites compagnies détachées ne
foient compofées que d'habitans domiciliés dans les paroiffes
& communautés fujètes au fervice de la Garde-côte; & en
conféquence Elle défend d'admettre au fort les valets de cam-
pagne, bergers & autres gens qui n'ont point de domicile
fixe, lefquels feront néanmoins employés dans les compagnies du guet, pour y faire le fervice comme les autres
habitans.

X X I I I.

LES Charpentiers de navire, Calfats, Voiliers & autres
ouvriers uniquement affectés au fervice de la Marine, ou à
celui des particuliers qui équipent des vaiffeaux, tant en guerre
qu'en marchandifes, & defquels quoiqu'ils n'aillent pas à la

A v

mer, il eſt tenu regiſtre dans les bureaux des claſſes, pour les envoyer, ſur-tout en temps de guerre, travailler dans les ports & arſenaux de Sa Majeſté, tant aux conſtructions & radoubs de ſes vaiſſeaux, qu'à divers autres atteliers, ne ſeront point incorporés dans les compagnies détachées de la Garde-côte, mais ſeulement dans celles du guet quand ils ne ſeront point employés au ſervice de Sa Majeſté, & qu'ils ſe trouveront chez eux.

X X I V.

Les Syndics des paroiſſes & les habitans chargés de la collecte des tailles & de la perception du vingtième, ne ſeront point non plus incorporés dans les compagnies détachées Garde-côtes, ni même dans celles du guet, pendant le temps ſeulement qu'ils exerceront leſdits emplois, pour la nomination deſquels l'ordre du tableau ſera toûjours ſuivi.

X X V.

Les Subdélégués que l'Intendant de la province aura commis pour faire faire le tirage dans les paroiſſes & communautés Garde-côtes, de concert avec le Capitaine général de chaque capitainerie, dreſſeront des rôles par paroiſſes & par compagnies, des hommes qui ſe feront préſentés de bonne volonté, & de ceux auxquels le ſort ſera tombé, dans leſquels rôles ſeront portés leurs noms, ſignalement & demeure. Il en ſera envoyé un à l'Intendant de la province par leſdits Subdélégués, & chaque Capitaine général de la capitainerie en gardera auſſi un dont il fera faire des relevés pour chacune des huit compagnies détachées de ſa capitainerie, qu'il remettra aux Capitaines deſdites compagnies.

X X V I.

Le Major de chaque capitainerie ſera tenu d'avoir un regiſtre qui contiendra les noms, ſignalement & demeure

I I

des habitans qui compofent les huit compagnies détachées de ladite capitainerie, dans lequel fera marquée la date de leur entrée dans lefdites compagnies, afin d'y avoir recours lorfqu'il fera queftion du licenciement.

X X V I I.

APRÈS que toutes les compagnies détachées auront été formées par la voie du fort, & les rôles remis à chaque Capitaine defdites compagnies, lefdits Capitaines choifiront dans les cinquante hommes dont leurs compagnies feront compofées, ceux qui leur paroîtront les plus capables de remplir les places de Sergens, Caporaux, Anfpeffades & Tambour, & ils feront tenus de les faire approuver par le Capitaine de leur capitainerie.

X X V I I I.

TOUS les habitans des paroiffes & communautés foûmifes à la Garde-côte, feront reputés devoir chacun cinq années de fervice dans lefdites compagnies détachées, à moins qu'ils ne foient infirmes ou dans les cas exceptés par les articles XXII & XXIII de la préfente ordonnance, & ils ne pourront être licenciés qu'après ledit temps.

X X I X.

LES compagnies détachées fe raffembleront par compagnie tous les premiers Dimanches de chaque mois dans le chef-lieu noté, & le Capitaine & le Lieutenant auront foin de les y inftruire au maniement des armes & aux évolutions militaires. Le Capitaine général, le Major & l'Aide-major de chaque capitainerie affifteront enfemble ou féparément auxdites revûes particulières, de manière que dans le courant de l'année chacun d'eux ait été préfent au moins une fois à l'une des revûes d'exercice de chaque compagnie détachée, & le Capitaine général rendra compte tous les trois mois au Secrétaire d'Etat ayant le département de la Marine defdites revûes particulières.

X X X.

OUTRE ces affemblées particulières par compagnie, il y aura tous les ans dans chaque capitainerie deux affemblées ou revûes générales de l'Infpecteur général Garde-côte, où les huit compagnies détachées feront formées en corps & raffemblées pendant huit jours. La première fera fixée par ledit Infpecteur général dans le courant du mois de mai, & la feconde dans le courant du mois de feptembre, & ledit Infpecteur général aura foin d'envoyer un extrait defdites revûes au Secrétaire d'Etat ayant le département de la Marine.

X X X I.

EN cas de maladie ou d'empêchement de la part de l'Infpecteur général, il fera commis un autre Officier par ordre de Sa Majefté, pour, en l'abfence dudit Infpecteur général, faire lefdites revûes générales, defquelles il enverra pareille-ment l'extrait au Secrétaire d'Etat ayant le département de la Marine.

X X X I I.

VEUT Sa Majefté que pendant les huit jours que chacune defdites revûes générales dureront, & que les compagnies détachées de chaque capitainerie feront affemblées en corps, la folde foit payée auxdites compagnies détachées à raifon pour chaque jour de fix livres aux Capitaines généraux, de quatre livres aux Majors, de trois livres aux Aides-majors & aux Ca-pitaines de compagnies détachées, de vingt-cinq fols aux Lieutenans defdites compagnies, de dix fols aux Sergens, de fept fols fix deniers aux Caporaux, de fix fols fix deniers aux Anfpeffades & aux Tambours, & de cinq fols fix deniers aux Fufiliers.

13

X X X I I I.

L'INTENTION de Sa Majefté eft que les fonds néceffaires pour les appointemens & folde des Officiers & Soldats de la Garde-côte, tels qu'ils font réglés par l'article précédent & par l'article XVII de la préfente ordonnance, foient fournis par les paroiffes & communautés fujètes au guet & à la garde de la côte de ladite province.

X X X I V.

LES états d'appointemens des Officiers de l'Etat-major & ceux de la folde des compagnies détachées aux revûes générales, feront arrêtés tous les fix mois par l'Intendant de la province, & payés lors des deux revûes générales par ceux qu'il commettra à cet effet, & lefdits états d'appointemens & folde, enfemble les comptes de payement d'iceux, feront envoyés après chaque revûe générale par l'Intendant de la province au Secrétaire d'Etat ayant le département de la Marine.

X X X V.

TOUT Sergent, Caporal, Anfpeffade, Fufilier & Tambour ne pourra, pendant les cinq années de fon fervice dans les compagnies détachées, s'abfenter de fa communauté pour plus de huit jours fans une permiffion par écrit de fon Capitaine, & fera tenu de fe trouver exactement aux revûes tant générales que particulières, fous peine de trois jours de prifon contre ceux qui, fans excufe ou empêchement légitime, manqueroient auxdites revûes.

X X X V I.

LE fervice des compagnies détachées fera réglé par le Gouverneur ou Commandant général de la Province, fuivant l'exigence des cas.

X X X V I I.

VEUT au furplus Sa Majefté que les Milices garde-côtes

aient la liberté, dans les temps ordinaires, de vaquer à leurs travaux & affaires particulières, fans qu'il puiffe leur être impofé aucune contrainte ou fervice journalier par leurs Capitaines, Lieutenans ou Officiers-majors, qui ne pourront les affembler que pour les jours indiqués pour les revûes particulières des compagnies & pour l'affemblée des capitaineries, ou fur les ordres du Commandant général de la province, fans néanmoins que fous ce prétexte lefdites Milices garde-côtes puiffent manquer en aucun temps à la fubordination dûe à leurs Officiers, à peine d'être punis fuivant l'exigence des cas.

X X X V I I I.

LES Tailleurs de pierre, Maçons, Armuriers & autres ouvriers qui feront demandés pour le fervice des bâtimens civils de Sa Majefté, dans fes arfenaux ou dans les forts, ne pourront être difpenfés de fuivre cette deftination, quand bien même ils feroient incorporés dans les compagnies détachées. Ils feront tenus avant leur départ de préfenter au Capitaine de leur compagnie l'ordre qu'ils auront reçû d'aller travailler à ce fervice, & à leur retour ils rentreront dans les mêmes compagnies.

X X X I X.

IL fera libre aux habitans, depuis l'âge de feize ans jufqu'à trente-cinq, qui n'auront pas encore été à la mer, de s'engager, s'ils le jugent à propos, fur les navires qui font la courfe, le commerce & le cabotage, quand bien même ils auroient été incorporés dans les compagnies détachées, ou du guet; bien entendu cependant qu'ils feront déclarés navigateurs, & comme tels, fujets à être embarqués trois mois au plus tard après la déclaration qu'ils auront faite du deffein où ils feront de prendre le parti de la navigation, fans quoi ils feront

15

rétablis fans difficulté dans leurs compagnies, & y continueront leur fervice.

X L.

IL ne fera licencié chaque année que dix hommes par
chaque compagnie détachée, lefquels feront remplacés, ainfi
que ceux qui pourront être morts, par les mêmes communautés d'où ils ont été tirés; mais fur les confidérations de la
forme naiffante defdites compagnies détachées, Sa Majefté
veut que le licenciement ne puiffe avoir lieu qu'après les deux
premières années de leur fervice, & qu'il fe faffe fucceffi-
vement par la voie du fort.

X L I.

A la revûe générale de feptembre de chaque année, l'Infpecteur général, ou celui qui aura été commis par Sa Majefté
pour faire les revûes générales en fon abfence, fera le licenciement ordonné par l'article précédent, pour être enfuite
procédé dans chaque paroiffe ou communauté au remplace-
ment par les Subdélégués & par les Capitaines généraux des
capitaineries, ainfi & de la manière qu'il en aura été jugé pour
la formation des compagnies détachées.

X L I I.

CEUX des Miliciens defdites compagnies détachées, qui par
maladie ou autrement, feroient les moins propres au fervice,
feront compris par préférence dans le premier licenciement,
& les remplacemens qui s'en feront feront toûjours, comme
il eft dit ci-deffus, à la charge des mêmes paroiffes & communautés fans qu'aucune autre puiffe être tenue d'y contribuer,
en forte que chaque communauté fournira toûjours le même
nombre d'hommes qui fera porté par le règlement indiqué
par l'article XVIII de la préfente ordonnance.

X L I I I.

CEUX qui auront été une fois licenciés, feront difpenfés de fervir dans les compagnies détachées, & feront feulement employés dans les compagnies du guet, à moins qu'il ne fe trouvât point dans leur paroiffe ou communauté d'autres hommes en état de faire le fervice dans lefdites compagnies détachées, auquel cas ils feroient obligés de reprendre le tour du fort.

X L I V.

LE tirage au fort dans les paroiffes & communautés Garde-côtes pour les remplacemens, fera fait de manière qu'au mois de mars de chaque année lefdites compagnies foient complètes fur le pied de cinquante hommes chacune.

X L V.

L'INTENTION de Sa Majefté eft que pour dédommager les Subdélégués des dépenfes & des peines que les opérations à faire pour le tirage au fort, lors de la formation des compagnies détachées & pour les remplacemens, leur occafionneront, il leur foit payé par les paroiffes & communautés, favoir, trente fols par chaque Milicien à qui le fort aura tombé pour former lefdites compagnies, & trois livres pour chacun de ceux qui remplaceront les licenciés & les morts.

X L V I.

DANS le cas où les compagnies détachées feroient affemblées en corps pour la défenfe de la côte, il fera pourvû à leur folde fur le pied réglé par l'article XXXII de la préfente ordonnance.

X L V I I.

TOUS les habitans fujets au fervice de la Garde-côte, qui refteront dans chaque paroiffe ou communauté après que les hommes qu'elle devra fournir pour les compagnies détachées en auront été tirés, formeront une compagnie qui fera appelée

17

Compagnie du guet, dans laquelle feront auffi compris dans la fuite ceux qui feront licenciés après le temps de leur fervice expiré, & les jeunes garçons à mefure qu'ils atteindront l'âge de feize ans.

XLVIII.

CHAQUE compagnie du guet aura un Capitaine avec un ou plufieurs Lieutenans, fuivant la force des paroiffes & communautés; & lefdits Capitaines & Lieutenans du guet feront choifis parmi les principaux habitans de la communauté, & feront nommés par le Capitaine général de la capitainerie, qui leur donnera des commiffions, lefquelles feront vifées par l'Infpecteur général, & approuvées par le Gouverneur ou Commandant général de la province.

XLIX.

LES compagnies du guet ne feront affujéties à aucun fervice en temps de paix; les habitans defdites paroiffes & communautés feront feulement tenus de s'affembler chaque année lors du tirage pour la contribution qu'elles auront à fournir aux compagnies détachées, & il en fera fait pour lors une revûe ou dénombrement dont le rôle fera dreffé par les Maire & Confuls des lieux, conjointement avec le Capitaine & le Lieutenant de la compagnie du guet, & en préfence du Subdélégué qui fera commis par l'Intendant de la province pour le tirage de la paroiffe, lequel rôle apoftillé de l'âge, profeffion & taille de chacun defdits habitans, fera remis par le Subdélégué à l'Intendant, & par lui envoyé par extrait au Secrétaire d'Etat ayant le département de la Marine.

MANDE & ordonne Sa Majefté à Monf. le Duc de Penthièvre Amiral de France, au Gouverneur ou Commandant général en Languedoc, & autres Officiers qu'il appartiendra;

comme aussi à l'Intendant Commissaire départi en ladite province, de tenir la main, chacun en droit soi, à l'exécution de la présente ordonnance, qui sera enregistrée aux greffes des Amirautés desdites provinces. FAIT à Versailles le neuf juin mil sept cent cinquante-sept. *Signé* LOUIS. *Et plus bas,* PEIRENC DE MORAS.

LE DUC DE PENTHIE´VRE,
Amiral de France.

VÛ l'ordonnance du Roi ci-dessus & des autres parts, à nous adressée. MANDONS à tous ceux sur qui notre pouvoir s'étend, de l'exécuter suivant sa forme & teneur. Ordonnons aux Officiers des Amirautés de Languedoc, de la faire enregistrer aux greffes de leurs siéges. FAIT à Compiegne le vingt-sept juillet mil sept cent cinquante-sept. *Signé* L. J. M. DE BOURBON. *Et plus bas,* Par Son Altesse Sérénissime. *Signé* ROMIEU.

POUR LE ROI. { *Collationné à l'original par nous E´cuyer, Conseiller Secrétaire du Roi, Maison, Couronne de France, & de ses finances.*

A PARIS, DE L'IMPRIMERIE ROYALE. 1757.